CW01024782

Welcome To Shanghai Chinese Language Survival Guide

Ms. Joan Xu's Foundation and
Foundation High Chinese Classes

DEDICATION

This book is dedicated to the Shanghai community. We hope that our book will help guide you through living in Shanghai. This book was made by the chapter, each of us students giving the best of our knowledge to he-the most of your shanghai lives. With that, we would like to thank you for reading our book and for your support.

Also thank you to Gail Li (Li Le er) with this book.

8th Grade Foundation and Foundation High

Anna McClanahan, Yaebin Park, Pranav Malaviya, Ryan McMenamy, Steven Angel, Anthony Chang, Aniketh Datta, Jason Guo

7th Grade Foundation and Foundation High

Elena Kuypers, David Lee, Ella Irwin, Faustine Clemet

Grade 6 Foundation

Jade D'Cruz, Paris Furner, Victor Nejman, Adam Sherwood

CONTENTS

ACKNOWLEDGMENTS

Appreciation and the deepest gratitude for the help and support for following people who have contributed into making this book possible.

Mrs Joan Xu – We thank her for her support, teaching, suggestions, guidance and advices which has helped us all immensely. We also thanks her for teaching us the knowledge in Chinese that we have used to write this book.

Ella Irwin

Pranav Malaviy

Our editors who has given in their time and effort into editing this book.

Mr. Azul- Our publishing expert for checking our work and giving us expert advices about publishing.

Also thank you to Gail Li (Li Le er) with this book.

Kathy Lynch, Middle School Librarian & Patrice Parks, HS English Teacher, Innovation Institute

INTRODUCTION

You've just arrived in one of the most dynamic and populous cities on earth; you've dropped your bags off in your new SRC apartment and realized that you have no idea where to find groceries, restaurants, backpacks for your kids or even a map! To make matters worse, you opted out of the Mandarin 101 class that was offered back in high school. So much to do! So little time! How in the world can you cope? We have your answers here.

This simple guide will help you to survive the day-to-day life in Shanghai, especially around the Shanghai American School campus. Want to tell your taxi driver to slow down? Speed up? This guide is your answer!

Written by SAS students who are studying Chinese, this informative guide will help you to communicate with the Chinese people around you. Broken down into helpful sections like Shopping, Taxi Directions, and Ayi Conversations, you can use this guide to learn basic phrases in Mandarin that will help you to navigate your new world. This guide provides the words and phrases in pinyin and in Chinese characters. Not so great with the pronunciation? You can easily show the characters to make yourself clear.

Want to know the best places to hang out in Minhang? Looking for a bite to eat? Would you like to take a train down to the Pearl Tower or check out a beautiful museum? Our student experts have given their suggestions for the "Best of Shanghai".

Think of it as a pocket helper to recall the most important words and phrases. If you are looking for a simple, clear, and easy-to-carry guide that will help you get around Minhang and beyond, this is your guide!

CHAPTER 1:
GREETINGS

Hello – 你好 – nǐ hǎo

Goodbye – 再见 – zài jiàn

Thanks – 谢谢 – xiè xie

No problem – 不客气 – bú kè qì

Thank you – 谢谢你 – xiè xiè nǐ

Sorry – 对不起 – duì bù qǐ

That is OK — 没关系 – méi guān xi

Good morning – 早上好 – zǎoshàng hǎo

Good evening – 晚上好 – wǎnshàng hǎo

How are you? – 你好吗? – nǐ hǎo ma?

I am very good – 我很好 – wǒ hěn hǎo

CHAPTER 2:
NUMBERS, MONEY AND TIME

You will need to know the numbers 1-9, the tens and the hundreds.

English	Chinese	PinYin
1	一	yī
2	二	èr
3	三	sān
4	四	sì
5	五	wǔ
6	六	liù
7	七	qī
8	八	bā
9	九	jiǔ
10	十	shí
20	二十	èr shí
30	三十	sān shí
40	四十	sì shí
50	五十	wǔ shí

60	六十	liù shí
70	七十	qī shí
80	八十	bā shí
90	九十	jiǔ shí
100	一百	yī bǎi
200	两百	liǎng bǎi
300	三百	sān bǎi
400	四百	sì bǎi
500	五百	wǔ bǎi

A number plus the character 十 (shí) means that the number is in the tens place. For example, if you had the number two, or in Chinese, 二 (èr), you would add 十 (shí), you would get 二十 (èr shí) or twenty. When you want to talk about hundreds, you would take the number and add 百 (bǎi). For example, to get 300, you would take three or 三 (sān) and put 百 next to it to make 三百 (sān bǎi). When you are asking for an object or talking about an object, you put the measure words 个(gè). For example, if you wanted to order one pizza, you would say 一个 (yī gè) pizza, meaning one pizza.

The money unit in China is 块 (kuài). The other way of saying the chinese currency is 元 (yuán). When counting money, the number two 二(èr) becomes 两 (liǎng), similar two 200 or 两百 (liǎng bǎi). Ten cents in the Chinese currency is 毛 (máo). For example, fifty cents is 五毛 (wǔ máo).

Picture	Amount	Chinese Character	PinYin
	100 Kuai	一百块	yī bǎi kuài
	50 Kuai	五十块	wǔ shí kuài
	20 Kuai	二十块	èr shí kuài
	10 Kuai	十块	shí kuài
	5 Kuai	五块	wǔ kuài
	1 Kuai	一块	yī kuài
	5 Mao	五毛	wǔ máo
	1 Mao	一毛	yī máo

A number plus 点 (diǎn) means o'clock. For example, "一 点(yī diǎn)" means one o'clock. A number plus "分" (fēn) means minutes. For example, "十分"(shí fēn) means 10 minutes. Put them together and you get 1:10, or "一点十分"(yī diǎn shí fēn). Half an hour is "半"(bàn). When it is thirty minutes past one o'clock, you say "一点半" (yī diǎn bàn).

CHAPTER 3:
BASIC INFORMATION ABOUT YOURSELF

My name is _____.

wǒ jiào

我叫 _____。
　　(Your name)

I or Me -我 – wǒ

Call – 叫 – jiào

Example: My name is Lucy – 我叫 Lucy –

wǒ jiào Lucy

I am _____ years old.

wǒ   suì

我 _____岁。

   (Age)

Age – 岁 - Suì

Example: I am 21 years old – 我二十一岁 –

wǒ èr shí yī suì

My phone number is _____ .

wǒ de diàn huà hào mǎ shì

我的电话号码是 _____。

               (Phone number)

My – 我的 – wǒ de

Phone -电话 – diàn huà

Number -号码 – hào mǎ

Is or Are – 是 - shì

Example: My phone number is 19211233 – 我的电话
号码是一九二一一二三三 – wǒ de diàn huà hào mǎ
shì yī jiǔ èr yī yī èr sān sān

CHAPTER 4:
EMERGENCY BASIC PHRASES

Thank you - 谢谢你 – xiè xiè nǐ

You're welcome - 不客气 – bú kè qì

Please - 请 – qǐng

Yes - 是 – shì

No - 不是 - bú shì

Excuse me/sorry - 对不起 – duì bù qǐ

I, me - 我 - wǒ

Mine - 我的 – wǒ de

Chinese - 中文 – zhōng wén

English - 英文 – yīng wén

Subway station - 地铁站 - dì tiě zhàn

Where - 哪里 – nǎ lǐ

Where - 哪儿 – nǎ er

How - 怎么 – zěn me

Bathroom - 厕所 – cè suǒ

Question word (Added at the end of questions) - 吗- ma

Cellphone - 手机 – shǒu jī

Can/May - 可以- kě yǐ

Phrases

I don't know - 我不知道. – wǒ bù zhī dào

I don't understand - 我听不懂. – wǒ tīng bù dǒng

I don't speak Chinese - 我不会讲中文. – wǒ bú huì shuō zhōng wén

I don't speak Chinese very well - 我的中文讲得不好. – wǒ de zhōng wén jiǎng de bù hǎo

Do you speak English? - 你会说英文吗? – nǐ huì shuō yīng wén ma?

Please say (that) one more time. - 请你再说一遍. – qǐng nǐ zài shuō yī biàn.

Where is the subway station? - 请问地铁站在哪儿? – qǐng wèn dì tiě zhàn zài nǎ er?

Can I use your cell-phone? - 我可以用你的手机吗? – wǒ kě yǐ yòng nǐ de shǒu jī ma?

Can I use the internet? -我可以上网吗? – wǒ kě yǐ shàng wǎng ma?

Can you help me? - 你能帮帮我吗? – nǐ néng bāng bāng wǒ ma?

How do you get to The Bund? - 怎么去外滩? – zěn me qù wài tān?

Where is the bathroom? - 厕所在哪儿? – cè suǒ zài nǎ er?

CHAPTER 5:
LOCAL MARKETS

Apple - 苹果 – píng guǒ

Pear - 梨 – **lí**

Watermelon - 西瓜 – xī guā

Grapes - 葡萄 -pú tao

Strawberry - 草莓 – cǎo méi

Banana - 香蕉 – xiāng jiāo

Peach - 桃子 – táo zi

Corn - 玉米 – yù mǐ

Tomato - 番茄 – fān qié

Carrot - 胡萝卜 – hú luó bo

Green bean – 刀豆— dāo dòu

Onion - 洋葱 – yáng cōng

Eggplant - 茄子 – qié zi

Potato – 土豆 – tǔ dòu

CHAPTER 6:
BARGAINING

Bargaining Words

Buy - 买 – mǎi

Want - 要 – yào

Don't want - 不要 – bú yào

This one - 这个 – zhè gè

That one - 那个 – nà gè

Sentences for shopping and bargaining

I want to buy this one - 我要买这个 – wǒ yào mǎi zhè gè

How much money? - 多少钱 – duō shǎo qián？

Too expensive! - 太贵了 – tài guì le！

I don't want this one - 我不要这个 – wǒ bú yào zhè gè。

Too little! - 太少了 – tài shǎo le！

Too much - 太多了 – tài duō le

CHAPTER 7:
SHOPPING FOR WEARING

Try on - 试一试 – shì yí shì

Too big - 太大了- tài dà le

Look good - 好看- hǎo kàn

Doesn't look good - 不好看- bù hǎo kàn

Comfortable - 舒服 – shū fu

Size - 码 – mǎ

Color - 颜色 – yán sè

Shoes - 鞋子 – xié zi

Let me try it on - 让我试一试 – ràng wǒ shì yí shì

It's too big - 这个太大了 – zhè gē tài dà le

It's too small - 这个太小了- zhè gè tài xiǎo le

I don't look good in this color - 这个颜色我穿不好看 – zhè gè yán sè wǒ chuān bù hǎo kàn

Wearing this isn't comfortable – 穿这个不舒服 –
chuān zhè gè bù shū fu

Do you have a size bigger? - 有大的吗? – yǒu dà de ma?

Do you have a smaller size? - 有小的吗? – yǒu xiǎo de ma?

What size shoes do you wear? - 你穿几码的鞋子? –
nǐ chuān jǐ mǎ de xié zi?

I like this color. - 我喜欢这个颜色.- wǒ xǐ huān zhè
gè yán sè.

I like these shoes. - 我喜欢这双鞋子. – wǒ xǐ huān
zhè shuāng xié zi.

CHAPTER 8:

FAMILY

Mom -妈妈 -mā ma

Dad - 爸爸 – bà ba

Grandma - 奶奶 – nǎi nai

Grandpa - 爷爷 – yé ye

Older Brother - 哥哥 – gē ge

Older Sister - 姐姐 – jiě jie

Younger Sister - 妹妹 - mèi mei

Younger Brother - 弟弟 – dì di

Baby - 宝贝 – bǎo bèi

Family - 家庭 – jiā tíng

Have – 有- yǒu

Don't/doesn't have – 没有 – méi yǒu

SENTENCES

This is my mom. - 这是我的妈妈。 - zhè shì wǒ de mā ma。

My dad is 43 years old. - 我爸爸四十三岁。 - wǒ bà ba sì shí sān suì 。

I love my family. - 我爱我的家人。 - wǒ ài wǒ de jiā rén。

How many people are in your family？ - 你家有几口人？ - nǐ jiā yǒu jǐ kǒu rén?

My family has four people. 我家有四口人。 wǒ jiā yǒu sì kǒu rén。

I do not have a sister. 我没有姐姐. wǒ méi yǒu jiě jie 。

I have an older brother. 我有一个哥哥. wǒ yǒu yī gè gē ge。

CHAPTER 9:
OUR COMMUNITY

FamilyMart

There are other places too. Some places you can live is Westwood Green, Rancho Santa ƒe, Forest Manor, and Racket Club.

游泳：swimming-yóu yǒng

家：house-jiā

网球：tennis-wǎng qiú

网球俱乐部: racket club -wǎng qiú jù lè bù

There are also movies theatre. In the theatre most of the movies are first sold in Chinese then English.

英文： English-yīng wén
电影院：movie theatre-diàn yǐng yuàn

Family Mart is a convenient store that sells a wide variety of food, and snacks.

全家: FamilyMart-quán jiā
便利店：convenient store- biàn lì diàn
买东西: buy stuff-mǎi dōng xi

There are two schools around this area. One of them is SAS and one of them is BISS. Both are international schools and the main language is English. These two schools also teach other langtings.

学校：school-xué xiào
上海美国学校：SAS-shàng hǎi měi guó xué xiào
上海英国学校：BISS-shàng hǎi yīng guó xué xiào
国际学校：international school-guó jì xué xiào

Most Popular Places to Do Things

One of the most famous places is Burger King. It is a fast-food restaurant. You can get burgers and fries. Phrases you might need :

hamburger : 汉堡包   hàn bǎo bāo
cola : 可乐 kě lè

Another good place is Subway. In Subway you get sandwiches that you can either chose or make to your likings.

面包: bread - miàn bāo
西红柿 : tomato - xī   hóng   shì
三明治: sandwich - sān   míng zhì

There are also some restaurant that you can get dishes. For example Secret Recipes.

米饭 : rice -   mǐ fàn

鸡翅 : chicken   wing - jī   chì

汤 soup-tāng

蛋糕 cake-dàn   gāo

Yasmins is somewhere you can get a steak. If you get sick of burgers, and sandwiches.

牛肉 : beef-niú ròu

鸡肉 : chicken meat-jī ròu

牛排 steak-niú pái

色拉 salad-sè lā

Last but not least there is Pizza Express. As you read from the name you can get Pizzas and pastas there.

披萨饼 pizza-pī sà bǐng

意大利面 Spagatti –yì dà lì miàn

买单 : receipt-mǎi dān

CHAPTER 10:
RESTURANT TALK

WORDS:

Check Please - 买单 – mǎi dān

Drink - 喝 – hē

Eat - 吃 – chī

Rice - 米饭 – mǐ fàn

Big Portion - 大份 – dà fèn

Regular Portion - 例份 – lì fèn

Water - 水 – shuǐ

Tea - 茶 – chá

Hot Tea - 热茶 – rè chá

Ice Tea - 冰茶 – bīng chá

Cola - 可乐 – kě lè

Sprite - 雪碧 – xuě bì

Beef - 牛肉 – niú ròu

Pork - 猪肉 – zhū ròu

Chicken - 鸡肉 – jī ròu

Soup - 汤 – tāng

Dim Sum - 点心 – diǎn xīn

DISH NAMES:

Spicy Chicken - 宫保鸡丁 – gōng bǎo jī dīng

Sweet sour Pork - 咕咾肉 – gǔ lǎo ròu

Tomato soup - 番茄蛋汤 – fān qié dàn tāng

Steamed dumpling - 小笼包 – xiǎo lóng bāo

Simple Sentences for Restaurants:

Please Give me menu? - 请给我菜单？ – qǐng gěi wǒ cài dān?

What would you like to eat? - 你喜欢吃什么？ – nǐ xǐ huān chī shén me?

What would you like to drink? - 你喜欢喝什么？ – nǐ xǐ huān hē shén me?

What dim sum do you have? - 你要吃什么点心？ – nǐ yào shén me diǎn xīn？

What soup? - 你喝什么汤？ – nǐ hē shén me tāng？

I like Rice - 我要冰水 – wǒ yào bīng shuǐ

What type of meat do you like to have? - 你喜欢吃什么肉？ – nǐ xǐ huān chī shén me ròu?

CHAPTER 11:
COOKING

fān qié chǎo dàn

Ingredients – 材料 – cái liào

- Tomato - 番茄 – fān qié

- Egg - 鸡蛋 – jī dàn

- Oil - 油 – yóu

- Salt - 盐- yán

- Sugar - 糖- táng

Method - 怎么做- zěn me zuò

- Beat the eggs together - 打蛋- dǎ dàn

- Cut the tomato - 切番茄 – qiē fān qié

- Put oil into pan - 放油到锅子里- fàng yóu dào guō zi lǐ

- Fry egg - 炒蛋 – chǎo dàn

- Take out the fried egg from pan - 拿出炒好的蛋 – ná chū chǎo hǎo de dàn

- Fry tomato in pan - 炒番茄- chǎo fān qié

- Fry egg and tomato together - 蛋和番茄一起炒 – dàn hé fān qié yī qǐ chǎo

- Put in salt and sugar - 放盐和糖 – fàng yán hé táng

- Finished - 好了 – hǎo le

CHAPTER 12: PLACES TO VISIT IN SHANGHAI

Pudong:

Places	Address	Ticket Cost	Specialty
Oriental Pearl Tower 东方明珠塔 dōngfāng míngzhū tǎ	No. 1 Century Avenue, Pudong New Area, Shanghai 200120, China 浦东新区世纪大道 1 号 pǔ dōng xīn qū shì jì dà dào yī hào	308 rmb (For one tour) 三百零八块 sān bǎi líng bā kuài	Very Pretty 很漂亮 hěn piào liang
The Bund 外滩 wàitān	411 zhong shan east road 中山东一路 411 号 zhōng shān dōng yī lù sì yī yī	Free 免费 miǎn fèi	Awesome View 风景很美! fēng jǐng hěn měi !

Art Museum 上海美术馆 Shanghai Meishu Guan	No.161 Shangnan Road,Pudong **District,** Shanghai, China 上南路 161 号 shàng nánlù, 161 Hào	Free 免费 miǎn fèi	Has famous paintings 有名画 yǒu mínghuà

Puxi:

Places	Address	Ticket Cost	Specialty
People's Square 人民广场 Rénmín guǎngchǎng	Wusheng Rd, Huangpu, Shanghai, China 武胜路，黄浦，上海，中国 Wǔ shèng lù, huángpǔ, shànghǎi, zhōngguó	Free 免费 miǎn fèi	Walking street 步行街 bù xíng jiē shopping 购物 gòu wù
Shanghai Museum 上海博物馆 Shanghai Bowuguan	201 Ren Min Da Dao, Shanghai, China 201 人民大道 201 rén mín dà dào, shànghǎi, zhōngguó	Free 免费 miǎn fèi	Learn a Lot 学到很多东西 xué dào hěnduō dōngxī

Tian Zi Fang 田子坊	No.210 Tai-kang Road, Huangpu District, Shanghai 200000, China 210 号泰康路 210 hào tài kāng lù,	Free 免费 miǎn fèi	Many small shops and eateries 许多小商店和餐馆 xǔduō xiǎo shāngdiàn hé cān guǎn It is like a maze 它就像一个迷宫 tā jiù xiàng yīgè mí gōng

CHAPTER 13:
METRO

Words and Phrases:

1. Line one - 一号线 – yī hào xiàn

2. Line two - 二号线 – èr hào xiàn

3. Which line? - 几号线? – jǐ hào xiàn?

4. Take subway - 坐地铁 – zuò dì tiě

5. At where/in where - 在哪里 – zài nǎ lǐ

6. Go where - 去哪里 – qù nǎ lǐ

7. Go - 去 – qù

8. Buy ticket - 买票 – mǎi piào –

9. How to walk to - 怎么走 – zěn me zǒu

10. Subway station - 地铁站- dì tiě zhàn –

Sentences:

1. Which line to take to get to People Square? - 去人民广场坐几号线? – qù rén mín guǎng chǎng zuò jǐ hào xiàn?

2. Where do I buy tickets? - 在哪里买票? – zài nǎ lǐ mǎi piào ?

3. How to go to the metro station lù jiā zuǐ (near Pearl Tower)? – 去陆家嘴怎么走? – qù lù jiā zuǐ zěn me zǒu?

Names of stations near places to go:

1. a metro station near Pearl Tower - 陆家嘴 – lù jiā zuǐ

2. Peoples Square - 人民广场 – rén mín guǎng chǎng

3. pudong airport - 浦东机场 – pǔ dōng jī chǎng

4. the closest stop to Shanghai American School Puxi - 徐泾东 – xú jīng dōng,

CHAPTER 14:

TAXI CONVERSATION

Turn Left - 左拐 – zuǒ guǎi

Turn Right - 右拐 – yòu guǎi

I want to go to " "-我要去 " " – wǒ yào qù " "

Go Straight-一直走 – yì zhí zǒu

Slowdown -慢一点 – màn yì diǎn

Faster -快一点 – kuài yì diǎn

Please stop here - 这里停 – zhè lǐ tíng

Drive Back - 往回开- wǎng huí kāi

How much money? - 多少钱？-duō shǎo qián ？

About how long will it take? - 大概多久可以到?- dà gài duō jiǔ kě yǐ dào?

Take me to nearest subway station - 带我去最近的地铁站。- dài wǒ qù zuì jìn de dì tiě zhàn.

Destinations

Pearl city - 珍珠城 – zhēn zhū chéng

The Bund -外滩 – wài tān

People's Square - 人民广场 – rén mín guǎng chǎng

Gubei - 古北 – gǔ běi

CHAPTER 15:
AYI CONVERSATIONS

What is your phone number? – 你的电话号码是多
少？- nǐ de diàn huà hào mǎ shì duō shǎo ？

Please - 请 – qǐng

Where do you put this？- 你把这个放在哪里了？
- nǐ bǎ zhe gè fàng zài nǎlǐ le?

Wash the vegetables - 洗蔬菜 - xǐ shū cài

Wash the plate - 洗盘子 -xǐ pán zǐ

Clean windows - 擦窗 – cā chuāng

Cut the bread - 把面包切好-bǎ miàn bāo qiē hǎo

Make the bed - 铺床 – pū chuáng

Make breakfast - 做早饭 – zuò zǎo fàn

Make lunch - 做午饭 – zuò wǔ fàn Make

Dinner - 做晚饭 – zuò wǎn fàn

Please walk the dog – 请遛狗 – qǐng liú gǒu

I'll give you money - 我给你钱 – wǒ gěi nǐ qián

CHAPTER 16:
WEATHER

Sunny day - 晴天- qíng tiān

Windy - 刮风- guā fēng

To rain - 下雨 — xià yǔ

Cold - 冷- lěng

Hot - 热- rè

Weather - 天气- tiān qì

Sentences:

What is the weather like today? - 今天天气怎么样？- jīn tiān tiān qì zěn me yàng ?

It is sunny today.. - 今天是晴天。- jīn tiān shì qíng tiān

It is windy today.. – 今天刮风 – jīn tiān guā fēng

It is rainy today.. – 今天下雨- jīn tiān xià yǔ

It is very cold today. - 今天很冷。 – jīn tiān hěn lěng.

It is very hot today. - 今天很热。 - jīn tiān hěn rè

CHAPTER 17:
POLLUTION

In this chapter, you will learn about basic words and phrases to communicate about pollution.

Words:

Good - 好 – hǎo

Play - 玩 – wán

Today - 今天 – jīn tiān

Tomorrow - 明天 – míng tiān

Air filter - 空气净化器 – kōng qì jìng huà qì

Air - 空气 – kōng qì

Outside - 外面 – wài miàn

Haze - 雾霾 – wù mái

Pollution - 污染 – wū rǎn

Buy - 买 – mǎi

Sentences:

The air is not good. 空气不好。kōng qì bù hǎo.

Do not go outside. 不要去外面. bú yào qù wài miàn.

When will the weather be good? 什么时候天气好？shí me shí hòu tiān qì hǎo？

We have haze today. 今天有雾霾. jīn tiān yǒu wù mái.

Where can we buy air filter？ 哪里可以买空气净化器？nǎ lǐ kě yǐ mǎi kōng qì jìng huà qì?

Is the air good today? 今天空气好吗？ jīn tiān kōng qì hǎo ma.?

Should we go outside? 我们可以出去吗？ wǒ men kě yǐ chū qù ma?

CHAPTER 18:
HEALTH AND SICKNESS

Head - 头 – tóu

Mouth - 嘴巴 – zuǐ ba

Eyes - 眼睛 – yǎn jīng

Nose - 鼻子 – bí zi

Ears - 耳朵 – ěr duo

Neck - 脖子 – bó zi

Throat - 喉咙痛 – hóu long tòng

Arms - 臂 – bì

Hands - 手 – shǒu

Fingers - 手指 – shǒu zhǐ

Stomach - 胃 – wèi

Legs - 腿 – tuǐ

Feet - 脚 – jiǎo

Toes - 脚趾头 – jiǎo zhǐ tóu

Hurt - 受伤 -shòu shāng

Sickness - 生病 – shēng bìng

Ache - 痛 – tòng

Sentences:

My throat hurts - 我的喉咙痛 – wǒ de hóu long tòng

I have a headache - 我头疼 – wǒ tóu téng

My stomach hurts - 我的肚子疼 – wǒ de dù zi téng

My hand hurts - 我的手痛 – wǒ de shǒu tòng

I feel sick - 我生病了 – wǒ shēng bìng le

I need to see the doctor – 我要去看医生。 - wǒ yào qù kàn yī shēng.

CHAPTER 19:
SPORTS AND ACTIVITIES

Play Basketball - 打篮球 – dǎ lán qiú

Play Badminton - 打羽毛球 – dǎ yǔ máo qiú

Play Soccer - 踢足球 – tī zú qiú

Play Baseball - 打棒球 – dǎ bàng qiú

Play Hockey - 打曲棍球 – dǎ qū gùn qiú

Play American Football - 打橄榄球 – dǎ gǎn lǎn qiú

Play Tennis - 打网球 – dǎ wǎng qiú

Swimming - 游泳 – yóu yǒng

Play Volleyball - 打排球 – dǎ pái qiú

Play Table tennis - 打乒乓球 – dǎ pīng pāng qiú

Gymnastics - 体操 – tǐ cāo

Dance - 跳舞 – tiào wǔ

Sing - 唱歌 – chàng gē

Sentences:

I like _____. – 我喜欢 _____。- wǒ xǐ huān _____。

I don't like_____.－我不喜欢 _____。– wǒ bù xǐ
huān _____。-

I can _____. 我会 _____。- wǒ huì _____。

I cannot _____. – 我不会 _____。- wǒ bú
huì _____。

I am not good at _____. – 我不太会 _____。- wǒ bú
tài huì _____。

CHAPTER 20:
HOTEL ROOMS

What is your name, please? - 你叫什么 - nǐ jiào shén me míng zì ?

My name is _____ - 我叫_____. – wǒ jiào

Could I see your passport? - 我要看你的护照 – wǒ yào kàn nǐ de hù zhào 。

Could you please call me a taxi? - 我要叫出租车。- wǒ yào jiào chū zū chē 。

What time do I need to check out? - 你几点退房 ? - nǐ jǐ diǎn tuì fáng ?

There isn't any hot water - 没有热的水 – méi yǒu rè de shuǐ。

I've lost my room key。 – 我忘记我房间的钥匙 – wǒ wàng jì wǒ fáng jiān de yào shi 。

This thing is broken。 - 这个坏了。- zhè gè huài le
。

Can you help me? - 你帮我修一修，好吗？- nǐ
bāng wǒ xiū yī xiū , hǎo ma ？

ABOUT THE AUTHORS

Written by middle school students at Shanghai American School, a non-profit, co-educational international preparatory school established in 1912 in Shanghai, China. It has a history of more than a 100 years and it is well-known among the international schools in Shanghai

16926132R00032

Printed in Great Britain
by Amazon